Sebastian Zollner

Der arabische Frühling - Fluch oder Segen für Israel

Ein Blick auf die Auswirkungen der Proteste in Ägypten und Jordanien

GRIN Verlag

Bibliografische Information der Deutschen Nationalbibliothek:

Die Deutsche Bibliothek verzeichnet diese Publikation in der Deutschen National-
bibliografie; detaillierte bibliografische Daten sind im Internet über http://dnb.d-
nb.de/ abrufbar.

Impressum:

Copyright © 2012 GRIN Verlag GmbH
Druck und Bindung: Books on Demand GmbH, Norderstedt Germany
ISBN: 978-3-656-35415-4

Dieses Buch bei GRIN:

http://www.grin.com/de/e-book/208024/der-arabische-fruehling-fluch-oder-segen-
fuer-israel

Julius-Maximilians-Universität Würzburg
Institut für Politikwissenschaft und Sozialforschung
Seminar: Sicherheits-, Friedens- und Konfliktforschung (EM-SFK 2)
Sommersemester 2012

Der arabische Frühling - Fluch oder Segen für Israel

Ein Blick auf die Auswirkungen der Proteste in Ägypten und Jordanien

Sebastian Zollner (6. Semester)   1. HF: Political & Social Studies
     2. HF: Germanistik

Der arabische Frühling - Fluch oder Segen für Israel

Ein Blick auf die Auswirkungen der Proteste in Ägypten und Jordanien

Die Beziehungen Ägyptens und Jordaniens zu Israel, sowie die vertretenen politischen Positionen im gesamten Nahost-Konflikt, verlaufen in ihrer Geschichte auf einer (nicht immer gerade verlaufenden) Linie, in deren beider Extreme - Krieg und Frieden - sich Ägypten, als auch Jordanien befunden haben, bzw. befinden. Aktuell herrscht, dank der beiden Friedensverträge zu Beginn der 1990er Jahre, offizieller und auch faktischer Frieden zwischen den Beteiligten. Doch diese Abkommen sehen sich aufgrund der revolutionären Vorkommnisse des Frühjahrs 2011 in der arabischen Welt neuen Akteuren und politischen Interessen gegenüber, die das Einhalten der Verträge gefährden könnten.

Die Frage, die sich stellt, ist, ob die Friedensverträge, die unter erheblichem Druck und im Interesse des Westens, insbesondere der USA, mit dem Herrscher *Hosni Mubarak* und *König Hussein I.* geschlossen wurden, in einem transformiertem Ägypten und einem reformierten Jordanien Rückhalt seitens der Bevölkerung finden. Dazu werden in einem kurzen historischen Abriss die Linien nachvollzogen, auf denen sich die Nahost-Politik der beiden Länder, insbesondere mit Blick auf Israel, bewegt hat. Darauf erfolgt die Untersuchung der Auswirkungen die der *arabische Frühling* auf die Konstellation im Nahen Osten hat oder haben könnte.

Besonders bei Ägypten ist eine wechselhafte politische Haltung zu Israel zu verzeichnen. Zunächst einmal liegt es im Selbstverständnis Ägyptens, als militärisch stärkste Macht im arabischen Raum, Nahost-Politik nicht nur zu betreiben, sondern auch - wo möglich - zu bestimmen, denn letztlich geht es dem stark muslimisch geprägten Land auch um seine *Heiligen Stätten* in Jerusalem. 1948, unmittelbar nach der Unabhängigkeitserklärung Israels, griff eine Allianz arabischer Staaten am 15. Mai, den frisch entstandenen Staat mit dem Ziel der Beseitigung an. Dieser sog. *Palästinakrieg* endete mit der Etablierung Israels, das noch zusätzliche Gebiete hinzugewinnen konnte. Nach dem Sieg über die arabischen Nachbarstaaten zog Israel sich erst unter Androhung britischer Intervention aus den ägyptischen Gebieten auf der Sinai-Halbinsel zurück. Die Suezkrise im Jahr 1956 führte dann erneut zu kriegerischen Auseinandersetzungen zwischen ägyptischen und israelischen Militärs, die wiederum mit einem militärischen Sieg Israels endeten.

2

Im Jahr 1964 gründete der Palästinensische Nationalrat auf Vorschlag des ägyptischen Präsidenten Nasser die *Palästinensische Befreiungsorganisation* (PLO). Zusätzlich wurde die *Palästinensischen Befreiungsarmee* (PLA) eingerichtet, deren Einheiten aus ägyptischen, syrischen und irakischen Soldaten zusammengesetzt waren. Von diesen drei Ländern ging zunächst die Kontrolle über die Armee aus. Hiermit betreibt Ägypten extreme anti-israelische Politik, indem es die palästinensischen Unabhängigkeitsbestrebungen, sogar mit Unterstützung ägyptischer Kampftruppen, vorantreibt. Als 1967 die Sinai-Halbinsel mit erneut ägyptischen Truppen militarisiert wurde, stand ein weiterer Krieg unmittelbar bevor, den Israel in sechs Tagen für sich entscheiden konnte. Es konnte wichtige Gebiete wie den Sinai, den Gazastreifen, die Golanhöhen, das Westjordanland, sowie Ostjerusalem unter seine Kontrolle bringen und besetzen. Auf der darauffolgenden Gipfelkonferenz im sudanesischen Khartum versteiften sich die arabischen Staaten auf folgende *,drei Neins'*: „Kein Frieden mit Israel, keine Verhandlungen mit Israel, keine Anerkennung Israels.“[1]

Unter dem neuen Präsidenten Sadat erfolgte in den 1970er Jahren eine Annäherung Ägyptens an die USA, was zu einem Umdenken in der Nahost-Politik führte. Erstmals bewegte sich der ägyptisch-israelische Konflikt auf einer neutralen Ebene, ohne kriegerische Zwischenfälle. Diese Zeit wurde mit dem am 26.03.1979 in Washington unterzeichneten *Friedensvertrag* auch formal festgehalten. Damit war Ägypten der erste arabische Staat, der mit Israel Frieden geschlossen hatte. Man spricht von einem *Kalten Frieden*, der zwar offiziell, aber eben nur zwischen den Regierungen geschlossen wurde und nicht mit der Bevölkerung. So fand kein wirklicher Austausch der beiden Kulturen statt, der Tourismus und auch der Güterverkehr zwischen den beiden Staaten konnte sich nicht verbessern. Mit der Machtübernahme Mubaraks im Jahr 1981 wurden die traditionellen Grundlinien der Außenpolitik um den Ausgleich mit Israel und der aktiven Unterstützung des Friedensprozess im Nahen Osten erweitert. In den Folgejahren entwickelte sich Ägypten zu einem sicherheits-strategisch wichtigen Partner für Israel, da sich nun das große Gewicht der Stimme Ägyptens für eine Annäherung der Konfliktparteien erhob. Ägypten kontrollierte von nun an mit strenger Härte das Grenzgebiet zu Israel, verhinderte so Nachschublieferungen für die dort ansässige Hamas und verwehrte Terroristen den Zugang. Zusätzlich richtete Ägypten immer wieder Nahost-Gipfel aus, bei denen sie als Gastgeber auftraten, oder erwirkte

---

[1] Emmermann, Ines (2006): In: Gieler, Wolfgang (Hg.): Außenpolitik in Konfliktregionen: Der Nahe und Mittlere Osten. wvb. Berlin. S.13-29.

Stillhalteabkommen bei innerpalästinensischen Konflikten. Mubarak gelang es immer wieder den Friedensprozess aufs Neue anzustoßen und somit den Nahost-Konflikt sich nicht selbst und seiner ‚Unlösbarkeit' zu überlassen. Dadurch sicherte er sich großzügige Zahlungen aus der USA und Europa.

Das *Haschemitische Königreich Jordanien* verfolgte die Staatsgründung Israels ebenfalls nicht tatenlos. Die Europäer, insbesondere die Briten, sahen Jordanien als eine Art Pufferstaat zwischen Irak, Syrien und der Heimstätte der Juden in Palästina und forderten Jordanien auf sich der Besiedlung Palästinas durch Juden nicht zu widersetzen. Mittels eines Briefes an die zionistische Delegation in Paris wünschte man den Juden 20 Jahre vor der Gründung ihres eigenen Staates ein „herzliches Willkommen zu Hause"[2] und kam den britischen Forderungen nach. Von dem Gedanken Israel zunächst einmal zu unterstützen, um einer Ausbreitung eines palästinensischen Staat auf eigenem Hoheitsgebiet vorzubeugen, kam man schnell wieder ab, als die Stimmung in der Bevölkerung pro-palästinensisch ausfiel und die arabischen Staaten 1948 in den *Palästinakrieg* zogen. Als einer der wenigen Staaten konnte Jordanien territorialen Zuwachs verbuchen, indem es die Gebiete West-Bank und Jerusalem besetzte, und ersteres 1950 dann von *König Abdullah I.* zu jordanischem Staatsgebiet erklärt wurde. Während dieses Krieges flohen ca. 400.000 Palästinenser über den Jordan in das Königreich. Weitere 400.000 folgten im *Sechstage-Krieg* (1967), als Jordanien unter *König Hussein* seine kurz zuvor eroberten Gebiete wieder an Israel zurück verlor. Die durch die Kriege ausgelösten Flüchtlingswellen veränderten die demographische Struktur maßgeblich. Zusammen mit der schleichenden Migration nach Jordanien waren bis 1970 ca. eine Million Palästinenser eingewandert. Trotz des gleichen Glaubens entstand zu dieser Zeit der tiefe Graben zwischen den jordanischen und palästinensischen Bewohnern, der auch heute noch nicht beseitigt ist. Die PLO entwickelte sich derweil zum ‚Staat im Staate' und versuchte sogar 1970 mit Hilfe von Arafat und seinen Guerillatruppen, den König zu stürzen. Im *Schwarzen September* gelang es aber dem jordanischen Militär den Aufstand niederzuschlagen, sodass der Anschlag auf den König verhindert werden konnte. Trotz diesem Vorfall verzichtete *König Hussein* 1988 auf das an Israel verlorene Westjordanland, auf dem Arafat einen Palästinensischen Staat gründen sollte, sofern Israel auf diesen Landstrich verzichtete. Die Jordanier im Land empfanden mittlerweile die Bemühungen für die Palästinenser

---

[2] Vgl. Tuchman, Barbara W. (1956): Bible and Sword. How the British Came to Palestine. New York. S. 329.

als zu hoch, v.a. weil keine entsprechenden Gegenleistungen zurückkamen. Sie forderten die Regierung auf ihnen die jordanische Staatsbürgerschaft zu entziehen - wohlgemerkt: Jordanien war der einzige Staat der palästinensische Flüchtlinge mit vollem Bürgerrecht ausstattete - und stattdessen lediglich palästinensische Reiseunterlagen auszustellen. Im Gegenzug forderten Palästinenser die Jordanier zur Zusammenarbeit auf, um eine härtere Gangart gegenüber Israel an den Tag zu legen, damit sie dort ihren Staat errichten können. Die israelische Politik geht zu diesem Zeitpunkt davon aus, dass die Palästinenser bereits ihren Staat hätten, und der in Jordanien läge, was keinerlei Zugeständnisse bewirkte.

1993 kam es dann erstmals wieder zu Verhandlungen um formal Frieden herzustellen. Zwar herrschte schon seit rund 25 Jahren kein Krieg mehr zwischen Jordanien und Israel, aber dennoch konnte man sich erst jetzt auf den Entwurf einer israelisch-jordanischen Friedensagenda verständigen, der aber nicht wie im Falle Ägyptens zu einem *Kalten Frieden* führen sollte. Als es am 26.10.1994 zur Unterzeichnung des *Friedensvertrags* kommt, versucht man ihn wie folgt mit Leben zu füllen: Israel verzichtete zu Gunsten Jordaniens auf ca. 330km² in der Avara-Ebene, jedoch wurde ein 25-jähriger Pachtvertrag angeschlossen, der es dort siedelnden Israelis ermöglicht weiterhin Landwirtschaft zu betreiben. Im Gegenzug verpflichtet sich Jordanien keine ausländischen Truppen mehr in ihrem Land zu stationieren und den Boykott gegen Israel zu beenden. Gemeinsam wollte man nach europäischem Vorbild eine *Konferenz für Sicherheit und Zusammenarbeit im Nahen Osten* gründen. Zwar konnte man einige vertraglich festgehaltene Punkte in Sachen Zusammenarbeit umsetzen, wie etwa Zollsenkungen, kooperative Bewirtschaftung von Wasservorkommen oder eine Erleichterung im Personenverkehr, aber so richtig ‚warm' wurde der Frieden nicht. Die islamistische Bevölkerung steht in ablehnender Haltung zu dem Vertrag und auch zu Israel, nicht zuletzt weil etwa 50% von ihnen palästinensischer Herkunft sind. Insgesamt ist das Verhältnis in der zweiten Hälfte der 1990er Jahre und um die Jahrtausendwende weiterhin angespannt. Durch die nicht erfolgten Friedensschlüsse mit anderen Nachbarstaaten scheint auch keine vollständige Ruhe in israelisch-jordanischen Beziehungen zu kommen.

Der historische Verlauf zeigt wie schwankend die Verhältnisse sowohl zum ägyptischen Regime, als auch zum jordanischen Königreich bis heute gewesen sind. Auch wenn der Frieden mit Ägypten seit knapp 33 Jahren und der Frieden mit Jordanien ca. 19 Jahren Bestand hat, haben sich durch den *Arabischen Frühling* neue Faktoren und

Ausgangssituationen gebildet, die beim Zusammentreffen der richtigen Umstände zu einer Destabilisierung und Isolation Israels führen könnten und dies bereits tun.

Die israelische Rechte erklärte den *Arabischen Frühling* zu einer Bedrohung. Bereits am 14. Januar 2011 äußerte Vize-Premierminister Silvan Shalom aus dem rechten Likud Block, dass „wenn die Regimes der Nachbarstaaten Israels durch demokratische Systeme ersetzt werden sollten, [...] die nationale Sicherheit Israels auf bedeutsame Weise bedroht sein könnte."[3] Seine Vermutung läuft dahingehend, dass Tunesien einen Präzedenzfall für die Region darstellen könnte und die gesamte arabische Welt, wenn sie demokratisiert wäre, seine Loyalität mit Israel beenden würde, weil ihre Bevölkerung größtenteils anti-israelitisch eingestellt sei. Ganz von der Hand zu weisen sind diese Befürchtungen nicht, wenn man nach Ägypten blickt. Der neu gewählte Präsident Mohammed Mursi ist Mitglied der Muslimbruderschaft, und wird in den Medien als ‚moderater Islamist' und in der ägyptischen Bevölkerung als „das kleinere Übel" bezeichnet. Der seit 30.06.2012 amtierende Präsident Mursi, ist derzeit heftig damit beschäftigt, Aussagen seiner ‚Muslimbrüder' zu revidieren oder zu korrigieren. So werde er alle internationalen Abkommen einhalten (somit auch den ägyptisch-israelischen Friedensvertrag, dessen Aufhebung ca. 50% der Bevölkerung befürworten). Gleichzeitig bestreitet er, neue Verhandlungen mit Teheran aufgenommen zu haben, die unter Mubarak auf Eis lagen. Beides, die Aufkündigung des Friedensvertrags, sowie verbesserte Beziehungen zum Iran, würden Israel in eine gefährliche Position bringen. Plötzlich ist wieder von einem *Drei-Fronten-Krieg* gegen Ägypten, Syrien und dem Iran die Rede. Die ersten Folgen des Umbruchs waren bereits im Sommer 2011 zu spüren, als Kämpfer des PRC am 18. August unbehelligt über die ägyptische Grenze in den Süden Israels eindringen konnten und dort das schwerste Attentat der letzten Jahre verübten. Mubarak hatte diese Grenze versiegelt und die Hamas regelrecht ausgetrocknet. Beim darauffolgenden Vergeltungsschlag Israels wurden auch sechs ägyptische Grenzwachen getötet, woraufhin in Kairo die israelische Botschaft gestürmt und belagert wurde. Auch blieb der Vorwurf im Raum stehen, dass Israel dabei zu weit in ägyptisches Hoheitsgebiet vorgedrungen sei. Immer wieder kommt es auf der Sinai-Halbinsel zu Vorfällen, bei denen Terroristen die Gaszufuhr nach Israel durch Sprengungen unterbrechen. Das Militär hat dort aber nicht nur weniger hart durchgegriffen, sondern die Hamas ist sich sicher, dass sie aktive ägyptische

---

[3] Zitiert nach: Schmid, Bernhard (2011): Die arabische Revolution= Soziale Elemente und Jugendprotest in den nordafrikanischen Revolten. Münster. S. 95.

Unterstützung erhalten wird, da sie der ägyptischen Muslimbruderschaft entspringt. Erste Schritte in diese Richtung wurden durch die Versöhnung zwischen Hamas und Fatah, im Mai 2011 von Ägypten initiiert, bereits gemacht. Zu der akuten Gefahr die von Terroristen ausgeht, kommt noch die Stimmung gegen Israel in der ägyptischen Bevölkerung, die eine demokratische Regierung nicht so einfach, wie ein Despot Mubarak unterdrücken kann. Feststeht, dass eine solche Regierung sicherlich schwieriger zu bedienen ist, als man das von einem autokratischer Führer gewohnt war. Diese öffentliche Meinung ist durchaus in der Lage zusätzlich Druck auf die israelische Regierung auszuüben und die ägyptisch-israelischen Beziehung zu erschüttern. Ägyptens Außenpolitik wird sich zukünftig stärker mit genuin nationalen Interessen beschäftigen, und so kündigte es bereits an, Verträge über Gaslieferungen neu zu verhandeln.

Zusammenfassend ist zu sagen, dass im Falle des Umbruchs in Ägypten vier neue Brandherde entstanden sind:

1. Israel ist auf Regierungsebene zunehmend isoliert und hat mit Mubarak den zuverlässigsten Partner in der Region verloren.
2. Arabische Regime verfügen über einen äußerst geringen außenpolitischen Handlungsspielraum bzgl. Israels, um ihre hauptsächlich islamische Bevölkerung nicht vor unpopuläre Entscheidungen zu stellen.
3. Israel igelt sich weiterhin ein. Durch die Geschehnisse wird die sog. *Wagenburg-Haltung* verstärkt. Eine Zeit für Friedensinitiativen scheint in weite Ferne gerückt.
4. Die palästinensischen Gruppen Hamas und Fatah konnten im *Machtteilungsabkommen* erste Schritte zu einer Versöhnung machen.

In Jordanien ist es den Herrschern gelungen mittels Reformen, eine Transformation abzuwenden. Noch haben die dort ansässigen Palästinenser nicht erkannt, wozu eine friedliche Demonstrationsform möglicherweise führen kann. Jordaniens Schicksal ist deshalb unweigerlich mit der des israelisch-palästinensischen Konflikts verflochten. Noch kommt Jordanien einer neutralen, bzw. ausgleichenden Rolle im Nahost-Konflikt nach.Die fragile Staatlichkeit und der wachsende Einfluss der PLO im Inneren jedoch könnten jedoch auch schnell zu einem Systemwechsel in Jordanien führen. Mittels eines Wahlrechts zu Gunsten der einheimischen Jordanier, wird der Einfluss der Palästinenser zwar möglichst gering gehalten, aber bei einem Anteil von 50% der Bevölkerung, ist nicht davon auszugehen, dass in diesen unruhigen Zeiten, das letzte Wort in Jordanien gesprochen ist. Israel kann in den Fällen Ägypten und Jordanien darauf hoffen, dass Ernst Otto Czempiel mit seiner Annahme Recht hat, dass Demokratien keinen Krieg untereinander führen. Mehr Demokratie würde, somit auch weniger kriegerische Handlungen bedeuten. Zu welcher Entwicklung es kommt ist nicht sicher zu sagen. Mein Gefühl sagt mir, dass die demokratischen Entwicklung für Israel zu einer tatsächlich nicht zu unterschätzenden Bedrohung werden könnten, auch wenn ich fest davon überzeugt bin, dass die neuen Demokratien im Nahen Osten, zunächst darin versucht sein werden, der internationalen Öffentlichkeit keinen Anlass zur Kritik zu geben.

Literaturverzeichnis

Armbruster, Jörg 2011: Der arabische Frühling: Als die islamische Jugend begann, die Welt zu verändern. Frankfurt a.m.: Westend.

Asseburg, Muriel 2006: Jordanien: Stabilitätsanker in der Krisenregion? In: Schneckener, Ulrich (Hrsg.): Fragile Staatlichkeit: „States at Risk" zwischen Stabilität und Scheitern. Baden-Baden: Nomos. S. 68-91.

Asseburg, Muriel 2011a: Der Arabische Frühling. Herausforderungen und Chance für die deutsche und europäische Politik. (SWP-Studie, Nr. 17/2011). Berlin: Stiftung Wissenschaft und Politik.

Asseburg, Muriel 2011b: Der Arabische Frühling und der Nahostkonflikt. Freiheit ohne Frieden? (SWP-Studie, Nr. 27/2011). Berlin: Stiftung Wissenschaft und Politik. S. 42-45

Asseburg, Muriel 2011c: Zur Anatomie der arabischen Proteste und Aufstände. In: APuZ 39/2011. S. 3-9.

Bank, André 2011: Jordanien und Marokko: Lösungsweg Verfassungsreform. (SWP-Studie, Nr. 27/2011). Berlin: Stiftung Wissenschaft und Politik. S. 30-32.

Gieler, Wolfgang (Hrsg.) 2006: Außenpolitik in Konfliktregionen: Der Nahe und Mittlere Osten. Berlin: wvb.

Johannsen, Margret [3]2011: Der Nahost-Konflikt. Wiesbaden: VS Verlag.

Lukacs, Yehuda 1997: Israel, Jordan, and the Peace Process. New York: Syracuse University Press.

Nordhausen, Frank / Schmid, Thomas (Hrsg.) 2011: Die arabische Revolution:

Demokratischer Aufbruch von Tunesien bis zum Golf. Berlin: Ch. Links Verlag.

Schmid, Bernhard 2011: Die arabische Revolution? Soziale Elemente und Jugendprotest in den nordafrikanischen Revolten. Münster: edition assemblage.

Sharp, Jeremy M. 2012: Egypt in Transition. (Congressional Research Service RL33033).

van den Woldenberg, Benedikt 2011: Jordanien. In: Rang, Helene (Hrsg.): Der „Arabische Frühling": Auslöser, Verlauf, Ausblick. Studie des Deutschen Orient-Instituts. Berlin. S. 92-101. Online verfügbar unter: http://www.deutsches-orient-institut.de/component/option,com_docman/task,doc_download/gid,120/lang,de/ Zuletzt aufgerufen am 09.07.12.

Yaron, Gil 2011: Israel und der "Arabische Frühling". In: APuZ 39/2011. S. 35-40.